국민연금공단

필기시험 모의고사

[6급갑 사무직]

제 2 회	영 역	직업기초능력평가, 종합직무지식평가
	문항수	60문항, 50문항
	시 간	60분, 50분
	비 고	객관식 4지선다형, 객관식 5지선다형

SEOWONGAK
(주)서원각

✎ 직업기초능력평가(60문항/60분)

1. 중의적 표현에 대한 다음 설명을 참고할 때, 구조적 중의성의 사례가 아닌 것은?

> 중의적 표현(중의성)이란 하나의 표현이 두 가지 이상의 의미로 해석되는 표현을 일컫는다. 그 특징은 해학이나 풍자 등에 활용되며, 의미의 다양성으로 문학 작품의 예술성을 높이는 데 기여한다. 하지만 의미 해석의 혼동으로 인해 원활한 의사소통에 방해를 줄 수도 있다.
> 이러한 중의성은 어휘적 중의성과 구조적 중의성으로 크게 구분할 수 있다. 어휘적 중의성은 다시 세 가지 부류로 나누는데 첫째, 다의어에 의한 중의성이다. 다의어는 의미를 복합적으로 가지고 있는데, 기본 의미를 가지고 있는 동시에 파생적 의미도 가지고 있어서 그 어휘의 기본적 의미가 내포되어 있는 상태에서 다른 의미로도 쓸 수 있다. 둘째, 어휘적 중의성으로 동음어에 의한 중의적 표현이 있다. 동음어에 의한 중의적 표현은 순수한 동음어에 의한 중의적 표현과 연음으로 인한 동음이의어 현상이 있다. 셋째, 동사의 상적 속성에 의한 중의성이 있다.
> 구조적 중의성은 문장의 구조 특성으로 인해 중의성이 일어나는 것을 말하는데, 이러한 중의성은 수식 관계, 주어의 범위, 서술어와 호응하는 논항의 범위, 수량사의 지배범위, 부정문의 지배범주 등에 의해 일어난다.

① 나이 많은 길동이와 을순이가 결혼을 한다.
② 그 녀석은 나와 아버지를 만났다.
③ 영희는 친구들을 기다리며 장갑을 끼고 있었다.
④ 그녀가 보고 싶은 친구들이 참 많다.

2. 다음에 제시된 글을 보고 이 글의 목적에 대해 바르게 나타낸 것은?

> 제목 : 사내 신문의 발행
>
> 1. 우리 회사 직원들의 원만한 커뮤니케이션과 대외 이미지를 재고하기 위하여 사내 신문을 발간하고자 합니다.
>
> 2. 사내 신문은 홍보지와 달리 새로운 정보와 소식지로써의 역할이 기대되오니 아래의 사항을 검토하시고 재가해주시기 바랍니다.
>
> ─아 래─
>
> ㉠ 제호 : We 서원인
> ㉡ 판형 : 140 × 210mm
> ㉢ 페이지 : 20쪽
> ㉣ 출간 예정일 : 2018. 1. 1.
>
> 별첨 견적서 1부

① 회사에서 정부를 상대로 사업을 진행하려고 작성한 문서이다.
② 회사의 업무에 대한 협조를 구하기 위하여 작성한 문서이다.
③ 회사의 업무에 대한 현황이나 진행상황 등을 보고하고자 하는 문서이다.
④ 회사 상품의 특성을 소비자에게 설명하기 위하여 작성한 문서이다.

3. 다음과 같은 내용의 모집 공고문 초안을 검토한 팀장은 몇 가지 누락된 사항이 있음을 지적하였다. 다음 중 팀장이 지적한 사항으로 보기 어려운 것은?

제8기 국민연금 대학생 홍보대사 모집

■ 지원자격 : 국내 대학 재학생(휴학생 포함)
※ 타 기업(기관) 홍보대사 지원 불가
※ 2차 면접전형 시 재학증명서 제출 필수
■ 지원방법 : 국민연금공단 홈페이지(www.nps.or.kr)에서 지원서를 다운로드하여 작성 후 이메일(npcb0000@nps.or.kr)로 제출. 접수마감일(1월 23일) 18:00 도착 분까지 유효
■ 모집 및 활동 일정
• 지원기간 : 2018년 1월 17일(수)~1월 23일(화)
• 1차 합격자 발표 : 2018년 2월 1일(금), 오후 3시(15시) 홈페이지 게시
• 2차 면접전형일정 : 2018년 2월 7일(수)~9일(금) 중, 면접기간 개별 안내
• 최종 합격자 발표 : 2018년 2월 12일(월), 오후 3시(15시) 홈페이지 게시
• 발대식(오리엔테이션) : 2018년 2월 21일(수)~22일(목), 1박 2일
• 활동기간 : 2018년 3월~8월(약 6개월)
• 정기회의 : 매월 마지막 또는 첫주 금요일 오후 1시
 ※ 상기 일정은 공단 사정에 따라 변동될 수 있습니다.

---

① 선발인원
② 문의처
③ 활동비 지급 내역
④ 활동 내역

┃4~5┃ 다음은 어느 회사 홈페이지에서 안내하고 있는 사회보장의 정의에 대한 내용이다. 물음에 답하시오.

• '사회보장'이라는 용어는 유럽에서 실시하고 있던 사회보험의 '사회'와 미국의 대공황 시기에 등장한 긴급경제보장위원회의 '보장'이란 용어가 합쳐져서 탄생한 것으로 알려져 있다. 1935년에 미국이 「사회보장법」을 제정하면서 법률명으로서 처음으로 사용되었고, 이후 사회보장이라는 용어는 전 세계적으로 ㉠통용되기 시작하였다.
• 제2차 세계대전 후 국제노동기구(ILO)의 「사회보장의 길」과 영국의 베버리지가 작성한 보고서 「사회보험과 관련 서비스」 및 프랑스의 라로크가 ㉡책정한 「사회보장계획」의 영향으로 각국에서 구체적인 사회정책으로 제도화되기 시작하였다.
• 우리나라는 1962년 제5차 개정헌법 제30조 제2항에서 처음으로 '국가는 사회보장의 증진에 노력하여야 한다'고 규정하여 국가적 의무로서 '사회보장'을 천명하였고, 이에 따라 1963년 11월 5일 법률 제1437호로 전문 7개조의 「사회보장에 관한 법률」을 제정하였다.
• '사회보장'이라는 용어가 처음으로 사용된 시기에 대해서는 대체적으로 의견이 일치하고 있으며 해당 용어가 전 세계적으로 ㉢파급되어 사용하고 있음에도 불구하고, '사회보장'의 개념에 대해서는 개인적, 국가적, 시대적, 학문적 관점에 따라 매우 다양하게 인식되고 있다.
• 국제노동기구는 「사회보장의 길」에서 '사회보장'은 사회구성원들에게 발생하는 일정한 위험에 대해서 사회가 적절하게 부여하는 보장이라고 정의하면서, 그 구성요소로 전체 국민을 대상으로 해야 하고, 최저생활이 보장되어야 하며 모든 위험과 사고가 보호되어야 할뿐만 아니라 공공의 기관을 통해서 보호나 보장이 이루어져야 한다고 하였다.
• 우리나라는 사회보장기본법 제3조 제1호에 의하여 "사회보장"이란 출산, ㉣양육, 실업, 노령, 장애, 질병, 빈곤 및 사망 등의 사회적 위험으로부터 모든 국민을 보호하고 국민 삶의 질을 향상 시키는데 필요한 소득·서비스를 보장하는 사회보험, 공공부조, 사회서비스를 말한다'라고 정의하고 있다.

---

4. 사회보장에 대해 잘못 이해하고 있는 사람은?

① 영은 : '사회보장'이라는 용어가 법률명으로 처음 사용된 것은 1935년 미국에서였대.
② 원일 : 각국에서 사회보장을 구체적인 사회정책으로 제도화하기 시작한 것은 제2차 세계대전 이후구나.
③ 지민 : 사회보장의 개념은 어떤 관점에서 보느냐에 따라 매우 다양하게 인식될 수 있겠군.
④ 정현 : 국제노동기구의 입장에 따르면 개인에 대한 개인의 보호나 보장 또한 사회보장으로 볼 수 있어.

5. 밑줄 친 단어가 한자로 바르게 표기된 것은?

① ㉠ 통용 – 通容

② ㉡ 책정 – 策正

③ ㉢ 파급 – 波及

④ ㉣ 양육 – 羊肉

6. 다음 글을 참고할 때, '깨진 유리창의 법칙'이 시사하는 바로 가장 적절한 설명은 무엇인가?

1969년 미국 스탠포드 대학의 심리학자인 필립 짐바르도 교수는 아주 흥미로운 심리실험을 진행했다. 범죄가 자주 발생하는 골목을 골라 새 승용차 한 대를 보닛을 열어놓은 상태로 방치시켰다. 일주일이 지난 뒤 확인해보니 그 차는 아무런 이상이 없었다. 원상태대로 보존된 것이다. 이번에는 똑같은 새 승용차를 보닛을 열어놓고, 한쪽 유리창을 깬 상태로 방치시켜 두었다. 놀라운 일이 벌어졌다. 불과 10분이 지나자 배터리가 없어지고 차 안에 쓰레기가 버려져 있었다. 시간이 지나면서 낙서, 도난, 파괴가 연이어 일어났다. 1주일이 지나자 그 차는 거의 고철상태가 되어 폐차장으로 실려 갈 정도가 되었던 것이다. 훗날 이 실험결과는 '깨진 유리창의 법칙'이라는 이름으로 불리게 된다.

1980년대의 뉴욕 시는 연간 60만 건 이상의 중범죄가 발생하는 범죄도시로 악명이 높았다. 당시 여행객들 사이에서 '뉴욕의 지하철은 절대 타지 마라'는 소문이 돌 정도였다. 미국 라토가스 대학의 켈링 교수는 '깨진 유리창의 법칙'에 근거하여, 뉴욕 시의 지하철 흉악 범죄를 줄이기 위한 대책으로 낙서를 철저하게 지울 것을 제안했다. 낙서가 방치되어 있는 상태는 창문이 깨져있는 자동차와 같은 상태라고 생각했기 때문이다.

① 범죄는 대중교통 이용 공간에서 발생확률이 가장 높다.

② 문제는 확인되기 전에 사전 단속이 중요하다.

③ 작은 일을 철저히 관리하면 큰 사고를 막을 수 있다.

④ 사소한 원인으로 발생한 큰 문제는 수습이 매우 어렵다.

7. 다음 글과 〈법조문〉을 근거로 판단할 때, 甲이 乙에게 2,000만 원을 1년간 빌려주면서 선이자로 800만 원을 공제하고 1,200만 원만을 준 경우, 乙이 갚기로 한 날짜에 甲에게 전부 변제하여야 할 금액은?

돈이나 물품 등을 빌려 쓴 사람이 돈이나 같은 종류의 물품을 같은 양만큼 갚기로 하는 계약을 소비대차라 한다. 소비대차는 이자를 지불하기로 약정할 수 있고, 그 이자는 일정한 이율에 의하여 계산한다. 이런 이자는 돈을 빌려주면서 먼저 공제할 수도 있는데, 이를 선이자라 한다. 한편 약정 이자의 상한에는 법률상의 제한이 있다.

〈법조문〉

제00조

① 금전소비대차에 관한 계약상의 최고이자율은 연 30%로 한다.

② 계약상의 이자로서 제1항에서 정한 최고이자율을 초과하는 부분은 무효로 한다.

③ 약정금액(당초 빌려주기로 한 금액)에서 선이자를 사전공제한 경우, 그 공제액이 '채무자가 실제 수령한 금액'을 기준으로 하여 제1항에서 정한 최고이자율에 따라 계산한 금액을 초과하면 그 초과부분은 약정금액의 일부를 변제한 것으로 본다.

① 760만 원

② 1,000만 원

③ 1,560만 원

④ 1,640만 원

8. 다음은 정부에서 지원하는 〈귀농인 주택시설 개선사업 개요〉와 〈심사 기초 자료〉이다. 이를 근거로 판단할 때, 지원대상 가구만을 모두 고르면?

〈귀농인 주택시설 개선사업 개요〉
□ 사업목적 : 귀농인의 안정적인 정착을 도모하기 위해 일정 기준을 충족하는 귀농가구의 주택 개·보수 비용을 지원
□ 신청자격 : △△군에 소재하는 귀농가구 중 거주기간이 신청마감일(2014. 4. 30.) 현재 전입일부터 6개월 이상이고, 가구주의 연령이 20세 이상 60세 이하인 가구
□ 심사기준 및 점수 산정방식
• 신청마감일 기준으로 다음 심사기준별 점수를 합산한다.
• 심사기준별 점수
　(1) 거주기간 : 10점(3년 이상), 8점(2년 이상 3년 미만), 6점(1년 이상 2년 미만), 4점(6개월 이상 1년 미만)
　　※ 거주기간은 전입일부터 기산한다.
　(2) 가족 수 : 10점(4명 이상), 8점(3명), 6점(2명), 4점(1명)
　　※ 가족 수에는 가구주가 포함된 것으로 본다.
　(3) 영농규모 : 10점(1.0ha 이상), 8점(0.5ha 이상 1.0ha 미만), 6점(0.3ha 이상 0.5ha 미만), 4점(0.3ha 미만)
　(4) 주택노후도 : 10점(20년 이상), 8점(15년 이상 20년 미만), 6점(10년 이상 15년 미만), 4점(5년 이상 10년 미만)
　(5) 사업시급성 : 10점(매우 시급), 7점(시급), 4점(보통)
□ 지원내용
• 예산액 : 5,000,000원
• 지원액 : 가구당 2,500,000원
• 지원대상 : 심사기준별 점수의 총점이 높은 순으로 2가구. 총점이 동점일 경우 가구주의 연령이 높은 가구를 지원. 단, 하나의 읍·면당 1가구만 지원 가능

〈심사 기초 자료(2014. 4. 30. 현재)〉

귀농가구	가구주 연령(세)	주소지(△△군)	전입일	가족 수(명)	영농규모(ha)	주택노후도(년)	사업시급성
甲	49	A	2010. 12. 30	1	0.2	17	매우 시급
乙	48	B	2013. 5. 30	3	1.0	13	매우 시급
丙	56	B	2012. 7. 30	2	0.6	23	매우 시급
丁	60	C	2013. 12. 30	4	0.4	13	시급
戊	33	D	2011. 9. 30	2	1.2	19	보통

① 甲, 乙　　　　② 甲, 丙
③ 乙, 丙　　　　④ 乙, 丁

9. 다음 메모와 관련된 내용으로 옳지 않은 것은?

MEMO
To : All Staff
From : Robert Burns
Re : Staff meeting
　This is just to remind everyone about the agenda for Monday's meeting. The meeting will be a combination of briefing and brainstorming session. Please come prepared to propose ideas for reorganizing the office! And remember that we want to maintain a positive atmosphere in the meeting. We don't criticize any ideas you share. All staff members are expected to attend meeting!

① 전 직원들에게 알리는 글이다.
② 간부들만 회의에 참석할 수 있음을 알리는 글이다.
③ 회의는 브리핑과 브레인스토밍 섹션으로 구성될 것이다.
④ 사무실 재편성에 관한 아이디어에 관한 회의가 월요일에 있을 것이다.

10. 다음에 해당하는 언어의 기능은?

이 기능은 우리가 세계를 이해하는 정도에 비례하여 수행된다. 그러면 세계를 이해한다는 것은 무엇인가? 그것은 이 세상에 존재하는 사물에 대하여 이름을 부여함으로써 발생하는 것이다. 여기 한 그루의 나무가 있다고 하자. 그런데 그것을 나무라는 이름으로 부르지 않는 한 그것은 나무로서의 행세를 못한다. 인류의 지식이라는 것은 인류가 깨달아 알게 되는 모든 대상에 대하여 이름을 붙이는 작업에서 형성되는 것이라고 말해도 좋다. 어떤 사물이건 거기에 이름이 붙으면 그 사물의 개념이 형성된다. 다시 말하면, 그 사물의 의미가 확정된다. 그러므로 우리가 쓰고 있는 언어는 모두가 사물을 대상화하여 그것에 의미를 부여하는 이름이라고 할 수 있다.

① 정보적 기능
② 친교적 기능
③ 명령적 기능
④ 관어적 기능

11. 함께 여가를 보내려는 A, B, C, D, E 다섯 사람의 자리를 원형 탁자에 배정하려고 한다. 다음 글을 보고 옳은 것을 고르면?

- A 옆에는 반드시 C가 앉아야 된다.
- D의 맞은편에는 A가 앉아야 된다.
- 여가시간을 보내는 방법은 책읽기, 수영, 영화 관람이다.
- C와 E는 취미생활을 둘이서 같이 해야 한다.
- B와 C는 취미가 같다.

① A의 오른편에는 B가 앉아야 한다.
② B가 책읽기를 좋아한다면 E도 여가 시간을 책읽기로 보낸다.
③ B는 E의 옆에 앉아야 한다.
④ A와 D 사이에 C가 앉아있다.

12. 다음 ㈎~㈑에서 설명하고 있는 창의적 사고 개발 방법의 유형을 순서대로 알맞게 짝지은 것은?

㈎ "신차 출시"라는 주제에 대해서 "홍보를 통해 판매량을 늘린다.", "회사 내 직원들의 반응을 살핀다.", "경쟁사의 자동차와 비교한다." 등의 자유로운 아이디어를 창출할 수 있도록 유도한다.

㈏ "신차 출시"라는 같은 주제에 대해서 판매방법, 판매대상 등의 힌트를 통해 사고 방향을 미리 정해서 발상을 하는 방법이다. 이때 판매방법이라는 힌트에 대해서는 "신규 해외 수출 지역을 물색한다."라는 아이디어를 떠 올릴 수 있도록 유도한다.

㈐ "신차 출시"라는 같은 주제에 대해서 생각해 보면 신차는 회사에서 새롭게 생산해 낸 제품을 의미한다. 따라서 새롭게 생산해 낸 제품이 무엇인지에 대한 힌트를 먼저 찾고, 만약 지난달에 히트를 친 비누라는 신상품이 있었다고 한다면, "지난달 신상품인 비누의 판매 전략을 토대로 신차의 판매 전략을 어떻게 수립할 수 있을까" 하는 아이디어를 도출할 수 있다.

	㈎	㈏	㈐
①	강제 연상법	비교 발상법	자유 연상법
②	자유 연상법	강제 연상법	비교 발상법
③	비교 발상법	강제 연상법	자유 연상법
④	강제 연상법	자유 연상법	비교 발상법

13. 다음과 같이 상사 앞으로 팩스 전송된 심포지엄 초청장을 수령하였다. 상사는 현재 출장 중이며 5월 29일 귀국 예정이다. 부하직원의 대처로서 가장 적절하지 않은 것은?

1. 일시 : 2012년 5월 31일(목) 13:30-17:00
2. 장소 : 미래연구소 5층 회의실
3. 기타 : 회원(150,000원) / 비회원(200,000원)
4. 발표주제 : 지식경영의 주체별 역할과 대응방향
   A. 국가 : 지식국가로 가는 길(미래 연구소 류상영 실장)
   B. 기업 : 한국기업 지식경영모델(S연수원 김영수 이사)
   C. 지식인의 역할과 육성방안(S연수원 황철 이사)
5. 문의 및 연락처 : 송수현 대리(전화 02-3780-8025)

① 상사의 일정가능여부 확인 후 출장 중에 있는 상사에게 간략하게 심포지엄 내용을 보고한다.
② 선임 대리에게 연락하여 참여인원 제한여부 등 관련 정보를 수집한다.
③ 상사가 이미 5월 31일 다른 일정이 있으므로 선임 대리에게 상사가 참석 불가능하다는 것을 알린다.
④ 상사에게 대리참석여부를 확인하여 관련자에게 상사의 의사가 전달될 수 있도록 한다.

14. 다음은 늘푸른 테니스회 모임의 회원명단이다. 적당한 분류법에 대한 설명 중 가장 적절한 것은?

금철영	손영자	한미숙	정민주	허민홍
김상진	나영주	채진경	박일주	송나혜
남미영	송진주	이기동	임창주	이종하
백승일	하민영	박종철	강철민	고대진

① 남녀 구분한 후 명칭별로 정리하여 색인 카드가 필요하다.
② 지역별로 분류한 다음에 명칭별로 구분하여 장소에 따른 문서의 집합이 가능하다.
③ 명칭별 분류에 따라 정리하여 색인이 불필요하다.
④ 주민등록번호별 정리방법을 이용하여 회원의 보안성을 유지하도록 한다.

15. 직업이 각기 다른 A, B, C, D 네 사람이 여행을 떠나기 위해 기차의 한 차 안에 앉아 있다. 네 사람은 모두 색깔이 다른 옷을 입었고 두 사람씩 얼굴을 마주하고 앉아 있다. 그 중 두 사람은 창문 쪽에, 나머지 두 사람은 통로 쪽에 앉아 있으며 다음과 같은 사실들을 알고 있다. 다음에서 이 모임의 회장과 부회장의 직업을 순서대로 바르게 짝지은 것은?

> (ㄱ) 경찰은 B의 왼쪽에 앉아 있다.
> (ㄴ) A는 파란색 옷을 입고 있다.
> (ㄷ) 검은색 옷을 입고 있는 사람은 의사의 오른쪽에 앉아 있다.
> (ㄹ) D의 맞은편에 외교관이 앉아 있다.
> (ㅁ) 선생님은 초록색 옷을 입고 있다.
> (ㅂ) 경찰은 창가에 앉아 있다.
> (ㅅ) 갈색 옷을 입은 사람이 모임 회장이며, 파란색 옷을 입은 사람이 부회장이다.
> (ㅇ) C와 D는 서로 마주보고 앉아있다.

① 회장 – 의사   부회장 – 외교관
② 회장 – 의사   부회장 – 경찰
③ 회장 – 경찰   부회장 – 의사
④ 회장 – 외교관   부회장 – 선생님

16. 한국전자는 영업팀 6명의 직원(A~F)과 관리팀 4명의 직원(갑~정)이 매일 각 팀당 1명씩 총 2명이 당직 근무를 선다. 2일 날 A와 갑 직원이 당직 근무를 서고 팀별 순서(A~F, 갑~정)대로 돌아가며 근무를 선다면, E와 병이 함께 근무를 서는 날은 언제인가? (단, 근무를 서지 않는 날은 없다고 가정한다)

① 10일   ② 11일
③ 12일   ④ 13일

17. 8층에서 엘리베이터를 타게 된 갑, 을, 병, 정, 무 5명은 5층부터 내리기 시작하여 마지막 다섯 번째 사람이 1층에서 내리게 되었다. 다음 〈조건〉을 만족할 때, 1층에서 내린 사람은 누구인가?

> 〈조건〉
> • 2명이 함께 내린 층은 4층이며, 나머지는 모두 1명씩만 내렸다.
> • 을이 내리기 직전 층에서는 아무도 내리지 않았다.
> • 무는 정의 바로 다음 층에서 내렸다.
> • 갑과 을은 1층에서 내리지 않았다.

① 갑   ② 을
③ 병   ④ 정

┃18~19┃ 다음은 국민연금의 사업장 가입자 자격취득 신고와 관련한 내용의 안내 자료이다. 다음을 읽고 이어지는 물음에 답하시오.

> 가. 신고대상
> (1) 18세 이상 60세 미만인 사용자 및 근로자(단, 본인의 신청에 의해 적용 제외 가능)
> (2) 단시간근로자로 1개월 이상, 월 60시간(주 15시간) 이상 일하는 사람
> (3) 일용근로자로 사업장에 고용된 날부터 1개월 이상 근로하고, 근로일수가 8일 이상 또는 근로시간이 월 60시간 이상인 사람
>   ※ 단, 건설일용근로자는 공사현장을 사업장 단위로 적용하며, 1개월간 근로일수가 20일 이상인 경우 사업장 가입자로 적용
> (4) 조기노령연금 수급권자로서 소득이 있는 업무에 종사하거나, 본인이 희망하여 연금지급이 정지된 사람
>   ※ 소득이 있는 업무 종사: 월 2,176,483원(2017년 기준, 사업소득자 필요경비 공제 후 금액, 근로소득자 근로 소득공제 후 금액)이 넘는 소득이 발생되는 경우
> (5) 월 60시간 미만인 단시간근로자 중 생업목적으로 3개월 이상 근로를 제공하기로 한 대학 시간강사 또는 사용자 동의를 받아 근로자 적용 희망하는 사람
> 나. 근로자의 개념
> (1) 근로자 : 직업의 종류에 관계없이 사업장에서 노무를 제공하고 그 대가로 임금을 받아 생활하는 자(법인의 이사, 기타 임원 포함)
> (2) 근로자에서 제외되는 자
>   • 일용근로자나 1개월 미만의 기한을 정하여 사용되는 근로자
>   ※ 다만, 1개월 이상 계속 사용되는 경우에는 자격 취득신고 대상임
>   • 법인의 이사 중 「소득세법」에 따른 근로소득이 발생하지 않는 사람
>   • 1개월 동안의 소정근로시간이 60시간 미만인 단시간근로자. 다만, 해당 단시간근로자 중 생업을 목적으로 3개월 이상 계속하여 근로를 제공하는 사람으로서, 대학 시간강사와 사용자의 동의를 받아 근로자로 적용되기를 희망하는 사람은 제외함
>   • 둘 이상 사업장에 근로를 제공하면서 각 사업장의 1개월 소정근로시간의 합이 60시간 이상인 사람으로서 1개월 소정근로시간이 60시간 미만인 사업장에서 근로자로 적용되기를 희망하는 사람(2016. 1. 1. 시행)
> (3) 생업 목적 판단 기준 : 생업 목적은 원칙적으로 "다른 직업이 없는 경우"를 말하며, 다음의 경우에는 다른 직업이 있는 것으로 보아 생업 목적에 해당되지 않음
>   • 국민연금 사업장가입자로 이미 가입되어 있거나,
>   • 국민연금 지역가입자(소득신고자에 한함)로 사업자등록자의 경우 또는 다른 공적소득이 많은 경우

다. 자격취득시기
(1) 사업장이 1인 이상의 근로자를 사용하게 된 때
(2) 국민연금 적용사업장에 근로자 또는 사용자로 종사하게 된 때
(3) 임시·일용·단시간근로자가 당연적용 사업장에 사용된 때 또는 근로자로 된 때
(4) 국민연금 가입사업장의 월 60시간 미만 단시간근로자 중 생업을 목적으로 3개월 이상 근로를 제공하는 사람(대학 시간강사 제외)의 가입신청이 수리된 때
(5) 둘 이상의 사업장에서 1개월 소정근로시간의 합이 60시간 이상이 되는 단시간근로자의 가입신청이 수리된 때
    ※ 신고를 하지 않는 경우 근로자의 청구 또는 공단 직권으로 확인 시 자격 취득

18. 다음 중 위 안내 자료의 내용을 올바르게 이해한 것은 어느 것인가?

① 근로일수가 8일 이상인 건설일용근로자는 신고대상이 된다.

② 월 300만 원의 세후 소득이 있는 조기노령연금 수급권자는 신고대상이 될 수 없다.

③ 근로시간이 월 70시간인 1년 계약 대학 시간강사는 신고대상이 될 수 있다.

④ 지역가입자 중 공적소득이 많은 것으로 인정되는 자는 근로자의 개념에 포함되지 않는다.

19. 다음 보기에 제시된 사람 중 국민연금 사업장 가입자 자격 취득 신고를 해야 하는 사람은 누구인가?

① 두 개의 사업장에서 도합 60시간 근로하는 사람으로 추가 사업장에서 매주 2시간씩의 근로를 제공하는 근로자가 되기를 희망하는 자

② 월 50시간, 3개월 계약 조건을 맺은 생업을 목적으로 한 대학 시간강사

③ 근로계약 기간을 연장 없이 처음부터 1개월 미만으로 정하고 근로를 시작한 근로자

④ K사(법인)의 명예직 전무이사로 소득이 발생하지 않는 자

20. 다음 설명을 참고할 때, 대출금 지급이 조기에 만료되는 경우를 〈보기〉에서 모두 고른 것은? (단, 모두 주택연금 대출자로 가정한다)

[대출금 지급의 조기 만료]
　　주택담보노후연금대출을 받고 본인에게 다음 각 항목의 사유 중 하나라도 발생한 경우 은행으로부터 독촉, 통지 등이 없어도 본인은 당연히 은행에 대한 당해 채무의 기한의 이익을 상실하여 곧 이를 갚아야 할 의무를 지며, 대출 기한일과 관계없이 대출금 지급이 조기에 종료됩니다.
- 본인 및 배우자가 모두 사망한 경우
- 본인이 사망한 후 배우자가 6월 이내에 담보주택의 소유권이 전등기 및 채권자에 대한 보증부대출 채무의 인수를 마치지 아니한 경우
- 본인 및 배우자 담보주택에서 다른 장소로 이사한 경우
- 본인 및 배우자가 1년 이상 계속하여 담보주택에서 거주하지 아니한 경우. 다만, 입원 등 은행이 정하여 인터넷 홈페이지에 공고하는 불가피한 사유로 거주하지 아니한 경우는 제외한다.
- 본인이 담보주택의 소유권을 상실한 경우
- 주택담보노후연금대출 원리금이 근저당권의 설정 최고액을 초과할 것으로 예상되는 경우로서 채권자의 설정 최고액 변경 요구에 응하지 아니하는 경우
- 그밖에 은행의 주택금융운영위원회가 정하는 일정한 사유가 발생한 경우

〈보기〉
(가) 7개월 전 대출 명의자인 남편이 사망하였으며, 은행에 보증부대출 채무 인수를 두 달 전 완료하여 소유권이전등기는 하지 않은 배우자 A씨

(나) 5/1일부터 이듬해 4/30일까지의 기간 중 본인 및 배우자 모두 병원 입원 기간이 각각 1년을 초과하는 B씨 부부

(다) 주택연금대출을 받고 3개월 후 살고 있던 집을 팔고 더 큰 집을 사서 이사한 C씨

(라) 연금 대출금과 수시 인출금의 합이 담보주택에 대해 은행에서 행사할 수 있는 근저당권 최고금액을 초과하여 은행의 설정 최고액 변경 요구에 따라 필요한 절차를 수행하고 있는 D씨

① (가), (다)
② (나), (라)
③ (가), (나), (라)
④ (가), (다), (라)

21. 일정한 규칙을 찾아 빈칸에 들어갈 알맞은 숫자를 고르시오.

12 4 24 8 ( )

① 38　　　　　　　　② 46
③ 48　　　　　　　　④ 50

22. 김 과장은 이번에 뽑은 신입사원을 대상으로 교육을 실시하려고 한다. 인원 파악을 해야 하는데 몇 명인지는 모르겠지만 긴 의자에 8명씩 앉으면 5명이 남는다는 것을 알았고, 또한 10명씩 앉으면 의자가 1개 남고 마지막 의자에는 7명만 앉게 된다. 의자의 수를 구하면?

① 6　　　　　　　　② 7
③ 8　　　　　　　　④ 9

23. 경기장을 청소하는데 갑 혼자 8시간이 걸린다. 처음부터 3시간까지는 갑과 을이 같이 청소하고, 그 이후에는 갑 혼자 3시간이 걸려 청소를 마쳤다. 다음 중 을의 작업량이 전체 작업량에서 차지하는 비율은?

① 10%　　　　　　　② 15%
③ 20%　　　　　　　④ 25%

24. 다음은 학생들의 영어 성적과 수학 성적에 관한 상관도이다. 영어 성적에 비해 수학 성적이 높은 학생은?

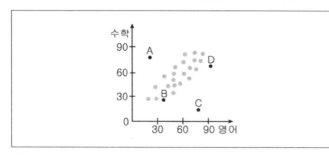

① A　　　　　　　　② B
③ C　　　　　　　　④ D

25. 민수와 동기 두 사람이 다음과 같이 게임을 하고 있다. 만약 같은 수의 앞면이 나오면 동기가 이긴다고 할 때 민수가 이길 수 있는 확률은 얼마인가?

- 민수는 10개의 동전을 던진다.
- 동기는 11개의 동전을 민수와 동시에 던진다.
- 민수가 동기보다 앞면의 개수가 많이 나오면 민수가 이긴다.
- 그렇지 않으면 동기가 이긴다.

① 10%　　　　　　　② 25%
③ 50%　　　　　　　④ 75%

26. 다음은 2017년 ○○시 '가 ~ 다' 지역의 아파트 실거래 가격지수를 나타낸 것이다. 이에 대한 설명으로 옳은 것은?

월＼지역	가	나	다
1	100.0	100.0	100.0
2	101.1	101.6	99.9
3	101.9	103.2	100.0
4	102.6	104.5	99.8
5	103.0	105.5	99.6
6	103.8	106.1	100.6
7	104.0	106.6	100.4
8	105.1	108.3	101.3
9	106.3	110.7	101.9
10	110.0	116.9	102.4
11	113.7	123.2	103.0
12	114.8	126.3	102.6

※ N월 아파트 실거래 가격지수
$$= \frac{\text{해당 지역의 } N\text{월 아파트 실거개 가격}}{\text{해당 지역의 1월 아파트 실거래 가격}} \times 100$$

① '가' 지역의 12월 아파트 실거래 가격은 '다' 지역의 12월 아파트 실거래 가격보다 높다.

② '나' 지역의 아파트 실거래 가격은 다른 두 지역의 아파트 실거래 가격보다 매월 높다.

③ '다' 지역의 1월 아파트 실거래 가격과 3월 아파트 실거래 가격은 같다.

④ '가' 지역의 1월 아파트 실거래 가격이 1억 원이라면 '가' 지역의 7월 아파트 실거래 가격은 1억 4천만 원이다.

〈65세 이상 노인인구 대비 기초 (노령)연금 수급자 현황〉

(단위 : 명, %)

연도	65세 이상 노인인구	기초(노령) 연금수급자	국민연금 동시 수급자
2009	5,267,708	3,630,147	719,030
2010	5,506,352	3,727,940	823,218
2011	5,700,972	3,818,186	915,543
2012	5,980,060	3,933,095	1,023,457
2013	6,250,986	4,065,672	1,138,726
2014	6,520,607	4,353,482	1,323,226
2015	6,771,214	4,495,183	1,444,286
2016	6,987,489	4,581,406	1,541,216

〈가구유형별 기초연금 수급자 현황(2016년)〉

(단위 : 명, %)

65세 이상 노인 수	수급자 수						수급률
	계	단독가구	부부가구				
			소계	1인수급	2인수급		
6,987,489	4,581,406	2,351,026	2,230,380	380,302	1,850,078		65.6

27. 위 자료를 참고할 때, 2009년 대비 2016년의 기초연금 수급률 증감률은 얼마인가? (백분율은 반올림하여 소수 첫째 자리까지만 표시함)

① −2.7%
② −3.2%
③ −3.6%
④ −4.8%

28. 다음 중 위의 자료를 올바르게 분석한 것이 아닌 것은?

① 기초연금 수급자 대비 국민연금 동시 수급자의 비율은 2009년 대비 2016년에 증가하였다.
② 2016년 1인 수급자는 전체 기초연금 수급자의 약 17%에 해당한다.
③ 2016년 단독가구 수급자는 전체 수급자의 50%가 넘는다.
④ 2009년 대비 2016년의 65세 이상 노인인구 증가율보다 기초연금수급자의 증가율이 더 낮다.

29. 다음은 마야의 상형 문자를 기반으로 한 프로그램에 대한 설명이다. 제시된 〈그림 4〉가 산출되기 위해서 입력한 값은 얼마인가?

현재 우리는 기본수로 10을 사용하는 데 비해 이 프로그램은 마야의 상형 문자를 기본으로 하여 기본수로 20을 사용했습니다. 또 우리가 오른쪽에서 왼쪽으로 가면서 1, 10, 100으로 10배씩 증가하는 기수법을 쓰는 데 비해, 이 프로그램은 아래에서 위로 올라가면서 20배씩 증가하는 방법을 사용했습니다. 즉, 아래에서 위로 자리가 올라갈수록 1, 20, ……, 이런 식으로 증가하는 것입니다.

마야의 상형 문자에서 조개껍데기 모양은 0을 나타냅니다. 또한 점으로는 1을, 선으로는 5를 나타냈습니다. 아래의 〈그림 1〉, 〈그림 2〉는 이 프로그램에 0과 7을 입력했을 때 산출되는 결과입니다. 그럼 〈그림 3〉의 결과를 얻기 위해서는 얼마를 입력해야 할까요? 첫째 자리는 5를 나타내는 선이 두 개 있으니 10이 되겠고, 둘째 자리에 있는 점 하나는 20을 나타내는데, 점이 두 개 있으니 40이 되겠네요. 그래서 첫째 자리의 10과 둘째 자리의 40을 합하면 50이 되는 것입니다. 즉, 50을 입력하면 〈그림 3〉과 같은 결과를 얻을 수 있습니다.

① 60
② 75
③ 90
④ 105

30. 甲공단에 근무하는 乙은 빈곤과 저출산 문제를 해결하기 위한 대안을 분석 중이다. 상황이 다음과 같을 때, 대안별 월 소요 예산 규모를 비교한 것으로 옳은 것은?

◆ 현재 상황
- 전체 1,500가구는 자녀 수에 따라 네 가지 유형으로 구분할 수 있는데, 그 구성은 무자녀 가구 300가구, 한 자녀 가구 600가구, 두 자녀 가구 500가구, 세 자녀 이상 가구 100가구이다.
- 전체 가구의 월 평균 소득은 200만 원이다.
- 각 가구 유형의 30%는 맞벌이 가구이다.
- 각 가구 유형의 20%는 빈곤 가구이다.

◆ 대안
A안 : 모든 빈곤 가구에게 전체 가구 월 평균 소득의 25%에 해당하는 금액을 가구당 매월 지급한다.
B안 : 한 자녀 가구에는 10만 원, 두 자녀 가구에는 20만 원, 세 자녀 이상 가구에는 30만 원을 가구당 매월 지급한다.
C안 : 자녀가 있는 모든 맞벌이 가구에 자녀 1명당 30만 원을 매월 지급한다. 다만 세 자녀 이상의 맞벌이 가구에는 일률적으로 가구당 100만 원을 매월 지급한다.

① A < B < C ② A < C < B
③ B < A < C ④ B < C < A

31. 다음 중 밑줄 친 ⑦와 ⑭에 대한 설명으로 적절하지 않은 것은?

조직 내에서는 ⑦개인이 단독으로 의사결정을 내리는 경우도 있지만 집단이 의사결정을 하기도 한다. 조직에서 여러 문제가 발생하면 직업인은 의사결정과정에 참여하게 된다. 이때 조직의 의사결정은 ⑭집단적으로 이루어지는 경우가 많으며, 여러 가지 제약요건이 존재하기 때문에 조직의 의사결정에 적합한 과정을 거쳐야 한다. 조직의 의사결정은 개인의 의사결정에 비해 복잡하고 불확실하다. 따라서 대부분 기존의 결정을 조금씩 수정해 나가는 방향으로 이루어진다.

① ⑦는 의사결정을 신속히 내릴 수 있다.
② ⑦는 결정된 사항에 대하여 조직 구성원이 수월하게 수용하지 않을 수도 있다.
③ ⑭는 ⑦보다 효과적인 결정을 내릴 확률이 높다.
④ ⑭는 의사소통 기회가 저해될 수 있다.

32. 다음과 같은 전결사항에 관한 사내 규정을 보고 내린 판단으로 적절하지 않은 것은?

〈전결규정〉

업무내용	결재권자			
	사장	부사장	본부장	팀장
주간업무보고				○
팀장급 인수인계		○		
백만 불 이상 예산집행	○			
백만 불 이하 예산집행		○		
이사회 위원 위촉	○			
임직원 해외 출장	○(임원)		○(직원)	
임직원 휴가	○(임원)		○(직원)	
노조관련 협의사항		○		

※ 결재권자가 출장, 휴가 등 사유로 부재중일 경우에는 결재권자의 차상급 직위자의 전결사항으로 하되, 반드시 결재권자의 업무 복귀 후 후결로 보완한다.

① 팀장의 휴가는 본부장의 결재를 얻어야 한다.
② 강 대리는 계약 관련 해외 출장을 위하여 본부장의 결재를 얻어야 한다.
③ 최 이사와 노 과장의 동반 해외 출장 보고서는 본부장이 최종 결재권자이다.
④ 예산집행 결재는 금액에 따라 결재권자가 달라진다.

33. 다음에 주어진 조직의 특성 중 유기적 조직에 대한 설명을 모두 고른 것은?

㉠ 구성원들의 업무가 분명하게 규정되어 있다.
㉡ 급변하는 환경에 적합하다.
㉢ 비공식적인 상호의사소통이 원활하게 이루어진다.
㉣ 엄격한 상하 간의 위계질서가 존재한다.
㉤ 많은 규칙과 규정이 존재한다.

① ㉠㉢ ② ㉡㉢
③ ㉡㉤ ④ ㉢㉣

34. 신입사원 교육을 받으러 온 직원들에게 나눠준 조직도를 보고 사원들이 나눈 대화이다. 다음 중 조직도를 올바르게 이해한 사원을 모두 고른 것은?

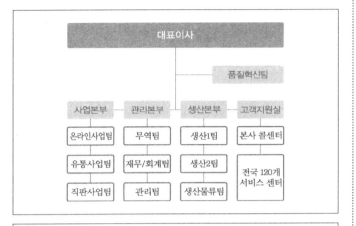

> A : 조직도를 보면 본사는 3개 본부, 1개 지원실, 콜센터를 포함한 총 10개 팀으로 구성되어 있군.
> B : 그런데 품질혁신팀은 따로 본부에 소속되어 있지 않고 대표이사님 직속으로 소속되어 있네.
> C : 전국의 서비스센터는 고객지원실에서 관리해.

① A   ② B
③ A, C   ④ B, C

35. 문화 충격(culture shock)은 한 문화권에 속한 사람이 다른 문화를 접하게 되었을 때 체험하는 충격을 의미한다. 이 문화 충격에는 부정적인 영향 뿐 아니라 긍정적인 영향도 함께 존재하게 되는데, 다음 중 문화 충격의 긍정적인 영향으로 보기에 적절하지 않은 것은?

① 끊임없이 변화하는 환경에 대처하는 과정에 새로운 반응이 필요한 체류자에게 배울 기회를 제공한다.
② 대부분의 사람들은 독특하고 특별한 목표를 추구하는 경향이 있어서 문화 충격은 우리들에게 새로운 자아실현과 목표를 이룰 동기가 될 수 있다.
③ 문화 충격은 극단적으로 높은 수준의 불안을 제공하여 그로 인한 학습량이 늘어나게 해 주는 역할을 하기도 한다.
④ 문화 충격은 문화 배경이 다른 사람들을 다루는 과정을 통하여 해외 체류자에게 도전과 성취감을 줄 수 있다.

▌36~38▌ 다음은 L기업의 회의록이다. 다음을 보고 물음에 답하시오.

〈회의록〉			
일시	2015. 00. 00 10:00~12:00	장소	7층 소회의실
참석자	영업본부장, 영업1부장, 영업2부장, 기획개발부장 불참자(1명) : 영업3부장(해외출장)		
회의제목	고객 관리 및 영업 관리 체계 개선 방안 모색		
의안	고객 관리 체계 개선 방법 및 영업 관리 대책 모색 - 고객 관리 체계 확립을 위한 개선 및 A/S 고객의 만족도 증진방안 - 자사 영업직원의 적극적인 영업활동을 위한 개선방안		
토의 내용	⊙ 효율적인 고객관리 체계의 개선 방법 • 고객 관리를 위한 시스템 정비 및 고객관리 업무 전담 직원 증원이 필요(영업2부장) • 영업부와 기획개발부 간의 지속적인 제품 개선 방안 협의 건의(기획개발부장) • 영업 조직 체계를 제품별이 아닌 기업별 담당제로 전환(영업1부장) • 고객 정보를 부장차원에서 통합관리(영업2부장) • 각 부서의 영업직원의 고객 방문 스케줄 공유로 방문처 중복을 방지(영업1부장) ⓛ 자사 영업직원의 적극적인 영업활동을 위한 개선방안 • 영업직원의 영업능력을 향상시키기 위한 교육 프로그램 운영(영업본부장)		
협의사항	⊙ IT본부와 고객 리스트 관리 프로그램 교체를 논의해보기로 함 ⓛ 인사과와 협의하여 추가 영업 사무를 처리하는 전담 직원을 채용할 예정임 ⓒ 인사과와 협의하여 연 2회 교육 세미나를 실시함으로 영업교육과 프레젠테이션 기술 교육을 받을 수 있도록 함 ⓔ 기획개발부와 협의하여 제품에 대한 자세한 이해와 매뉴얼 숙지를 위해 신제품 출시에 맞춰 영업직원을 위한 설명회를 열도록 함 ⓜ 기획개발부와 협의하여 주기적인 회의를 갖도록 함 ⓗ 재무과와 고객 리스트 관리 프로그램 교체에 소요되는 비용에 대해 협의 예정		

36. 다음 중 본 회의록으로 이해할 수 있는 내용이 아닌 것은?

① 회의 참석 대상자는 총 5명이었다.

② 영업본부의 업무 개선을 위한 회의이다.

③ 교육 세미나의 강사는 인사과의 담당직원이다.

④ 영업1부와 2부의 스케줄 공유가 필요하다.

37. 다음 중 회의 후에 영업부가 협의해야 할 부서가 아닌 것은?

① IT본부　　　　　② 인사과

③ 기획개발부　　　④ 비서실

38. 회의록을 보고 영업부 교육 세미나에 대해 알 수 있는 내용이 아닌 것은?

① 교육내용　　　　② 교육일시

③ 교육횟수　　　　④ 교육목적

39. 고객 서비스에 대한 설명으로 옳지 않은 것은?

① 고객에게 제공하고자 하는 서비스의 내용을 소개하고 소비를 촉진시키기 위해 사전에 잠재 고객들과 상담 등을 통해 예약을 받는 등 의견조절을 하고, 방문고객을 위해 사전에 상품을 진열하는 등의 준비하는 단계의 서비스는 사전서비스에 해당한다.

② 서비스의 특성상 생산과 소비가 동시에 발생하므로 현장 서비스가 종료되면 그 후에는 아무 일도 없던 것처럼 보이지만, 실제로는 고객유지를 위해 사후 서비스도 매우 중요하다.

③ 현장서비스는 서비스가 고객과 제공자의 상호거래에 의해 진행되는 단계로 서비스의 본질 부분이라 할 수 있다.

④ 주차유도원서비스, 상품게시판 예약서비스는 현장서비스에 해당한다.

40. 다음 중 아래의 표와 연관되는 내용으로 보기 어려운 것은?

직무번호		직무명		소속	
직군		직종		등급	
직무개요					

▲ 수행요건

일반요건	남녀별적성		최적연령범위	
	기초학력		특수자격	
	전공계열		전공학과	
	필요숙련기간		전환/가능부 서/직무	
	기타			
소요능력	지식	종류	세부내용 및 소요정도	
	학술적 지식			
	실무적 지식			

① 주로 인적요건에 초점을 두고 있다.

② 통상적으로 기업 조직에서 업무를 세분화 및 구체화해서 구성원들의 능력에 따른 업무 범위를 적절히 설정하기 위해 사용된다.

③ 기업 내 생산성을 높이기 위한 수단으로 사용된다.

④ 구성원들의 직무분석의 결과를 토대로 만들어진 것이다.

【41~42】 甲은 일본 후쿠오카로 출장을 가게 되었다. 출장에서 들러야 할 곳은 지요겐초구치(H03), 무로미(K02), 후쿠오카공항(K13), 자야미(N09), 덴진미나미(N16)의 다섯 곳으로, 모든 이동은 지하철로 하는데 지하철이 한 정거장을 이동하는 데에는 3분이 소요되며 다른 노선으로 환승을 하는 경우에는 10분이 소요된다. 다음 물음에 답하시오.

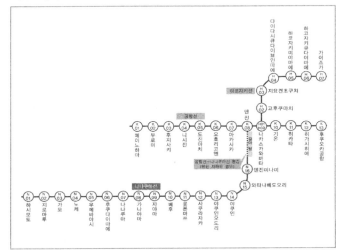

41. 甲은 지금 후쿠오카공항역에 있다. 현재 시간이 오전 9시라면, 지요겐초구치역에 도착하는 시간은?

① 9시 28분 　　　　② 9시 31분
③ 9시 34분 　　　　④ 9시 37분

42. 지요겐초구치 → 무로미 → 후쿠오카공항 → 자야미 → 덴진미나미의 순으로 움직인다면, 덴진역은 총 몇 번 지나는가?

① 2번 　　　　　　② 3번
③ 4번 　　　　　　④ 5번

43. 다음 워크시트에서처럼 주민등록번호가 입력되어 있을 때, 이 셀의 값을 이용하여 [C1] 셀에 성별을 '남' 또는 '여'로 표시하고자 한다. [C1] 셀에 입력해야 하는 수식은? (단, 주민등록번호의 8번째 글자가 1이면 남자, 2이면 여자이다)

	A	B	C
1	임나라	870808-2235672	
2	정현수	850909-1358527	
3	김동하	841010-1010101	
4	노승진	900202-1369752	
5	은봉미	890303-2251547	

① =CHOOSE(MID(B1,8,1), "여", "남")

② =CHOOSE(MID(B1,8,2), "남", "여")

③ =CHOOSE(MID(B1,8,1), "남", "여")

④ =IF(RIGHT(B1,8)="1", "남", "여")

【44~46】 다음 완소그룹 물류창고의 책임자와 각 창고 내 보관된 제품의 코드 목록을 보고 물음에 답하시오.

책임자	제품코드번호	책임자	제품코드번호
권두완	17015N0301200013	노완희	17028S0100500023
공덕영	17051C0100200015	박근동	16123G0401800008
심근동	17012F0200900011	양균호	17026P0301100004
정용준	16113G0100100001	박동신	17051A0200700017
김영재	17033H0301300010	권현종	17071A0401500021

ex) 제품코드번호
2017년 3월에 성남 3공장에서 29번째로 생산된 주방용품 앞치마 코드

1703	1C	01005	00029
(생산연월)	(생산공장)	(제품종류)	(생산순서)

생산연월	생산공장		제품종류			생산순서
	지역코드	고유번호	분류코드		고유번호	
	1 성남	A 1공장	01 주방용품	001	주걱	
		B 2공장		002	밥상	
		C 3공장		003	쟁반	
		D 1공장		004	접시	
	2 구리	E 2공장		005	앞치마	
		F 3공장		006	냄비	
• 1611	3 창원	G 1공장	02 청소도구	007	빗자루	00001부터 시작하여 생산 순서대로 5자리의 번호가 매겨짐
- 2016년 11월		H 2공장		008	쓰레받기	
		I 3공장		009	봉투	
• 1706	4 서산	J 1공장		010	대걸레	
- 2017년 6월		K 2공장	03 가전제품	011	TV	
		L 3공장		012	전자레인지	
	5 원주	M 1공장		013	가스레인지	
		N 2공장		014	컴퓨터	
	6 강릉	O 1공장	04 세면도구	015	치약	
		P 2공장		016	칫솔	
	7 진주	Q 1공장		017	샴푸	
		R 2공장		018	비누	
	8 합천	S 1공장		019	타월	
		T 2공장		020	린스	

13

44. 완소그룹의 제품 중 2017년 5월에 합천 1공장에서 36번째로 생산된 세면도구 비누의 코드로 알맞은 것은?

① 17058S0401800036

② 17058S0401600036

③ 17058T0402000036

④ 17058T0401800036

45. 2공장에서 생산된 제품들 중 현재 물류창고에 보관하고 있는 가전제품은 모두 몇 개인가?

① 1개   ② 2개

③ 3개   ④ 4개

46. 다음 중 창원 1공장에서 생산된 제품을 보관하고 있는 물류 창고의 책임자들끼리 바르게 연결된 것은?

① 김영재 – 박동신

② 정용준 – 박근동

③ 권두완 – 양균호

④ 공덕영 – 권현종

47. 다음 매크로 실행 및 보안에 대한 설명 중 옳지 않은 것은?

① Alt+F1 키를 누르면 Visual Basic Editor가 실행되며, 매크로를 수정할 수 있다.

② Alt+F8 키를 누르면 매크로 대화 상자가 표시되어 매크로 목록에서 매크로를 선택하여 실행할 수 있다.

③ 매크로 보안 설정 사항으로는 모든 매크로 제외(알림 표시 없음), 모든 매크로 제외(알림 표시), 디지털 서명된 매크로만 포함, 모든 매크로 포함(알림 표시) 등이 모두 권장된다.

④ 개발 도구 – 코드 그룹의 매크로를 클릭하거나 매크로를 기록할 때 지정한 바로가기 키를 눌러 매크로를 실행할 수 있다.

48. 다음 스프레드시트 서식 코드 사용 설명 중 옳지 않은 것은?

입력 데이터	지정 서식	결과 데이터
㉠ 13-03-12	dd-mmm	12-Mar
㉡ 13-03-12	mmm-yy	Mar-13
㉢ 02:45	hh:mm:ss AM/PM	02:45:00 AM
㉣ 신재생	+@에너지	신재생에너지

① ㉠   ② ㉡

③ ㉢   ④ ㉣

49. 워크시트에서 다음 〈보기〉의 표를 참고로 55,000원에 해당하는 할인율을 'C6'셀에 구하고자 할 때의 적절한 수식은?

	A	B	C	D	E	F
1		〈보기〉				
2		금액	30,000	50,000	80,000	150,000
3		할인율	3%	7%	10%	15%
4						
5		금액	55,000			
6		할인율	7%			
7						

① =VLOOKUP(C5,C2:F2,C3:F3)

② =LOOKUP(C5,C2:F2,C3:F3)

③ =HLOOKUP(C5,C2:F2,C3:F3)

④ =LOOKUP(C6,C2:F2,C3:F3)

50. 다음 시트에서 1행의 데이터에 따라 2행처럼 표시하려고 할 때, 다음 중 A2 셀에 입력된 함수식으로 적절한 것은?

	A	B
1	3	-2
2	양	음

① =IF(A1<=0,"양","음")

② =IF(A1 IS=0,"양" OR "음")

③ =IF(A1>=0,"양","음")

④ =IF(A1>=0,"양" OR "음")

51. 다음 중 이메일 네티켓에 관한 설명으로 부적절한 것은?

① 대용량 파일의 경우에는 압축해서 첨부해야 한다.

② 메일을 발송할 시에는 발신자를 명확하게 표기해야 한다.

③ 메일을 받을 수신자의 주소가 정확한지 확인을 해야 한다.

④ 영어는 일괄적으로 대문자로 표기해야 한다.

52. 다음 글을 참고할 때, 김 대리가 윤리적인 가치를 지키며 직장생활을 하는 근본적인 이유로 가장 적절한 것은 어느 것인가?

> 어젯밤 뉴스에서는, 회사의 공금 5백만 원을 횡령하여 개인적 용도로 사용한 한 30대 중반의 직장인 G씨의 이야기가 화제가 되었다. 김 대리는 자신도 회사에서 수억 원의 공금을 운용하고 관리하는 업무를 담당하고 있어 유난히 뉴스가 관심 있게 다가왔다. 그러나 김 대리는 한 번도 G씨와 같은 행위에 대한 유혹을 느껴보지 않았으며, 그러한 마음가짐은 당연한 것이라는 사실을 G씨의 이야기를 통해 다시 한 번 되새기는 계기가 되었다.

① 직장에서의 출세를 위하여

② 사회적 명예를 지키기 위하여

③ 결국 완벽한 범죄일 수는 없기 때문에

④ 삶의 본질적 가치와 도덕적 신념을 존중하기 때문에

53. 다음은 근로윤리에 있어 기본이 되는 덕목을 설명하는 글이다. 다음 글의 빈 칸 (가)와 (나)에 들어갈 적절한 말은 순서대로 각각 어느 것인가?

> 사회시스템은 구성원 서로가 신뢰하는 가운데 운영이 가능한 것이며, 그 신뢰를 형성하고 유지하는데 필요한 가장 기본적이고 필수적인 규범이 바로 (가)인 것이다.
> 그러나 우리 사회의 (가)은(는) 아직까지 완벽하지 못하다. 거센 역사의 소용돌이 속에서 여러 가지 부당한 핍박을 받은 경험이 있어서 그럴 수도 있지만, 원칙보다는 집단내의 정과 의리를 소중히 하는 문화적 정서도 그 원인이라 할 수 있다.
> (나)은(는) 일관된 마음과 정성의 덕이다. 자식에 대한 어머니의 정성이 대표적인 한국인의 '정성스러움'이다. 우리는 정성스러움을 '진실하여 전연 흠이 없는 완전한 상태에 도달하고자 하는 사람이 선을 택하여 노력하는 태도'라 말할 수 있다. 그러한 태도가 보통 사람들의 삶 속으로 스며들면서 자신의 일에 최선을 다하고자 하는 마음자세로 연결되었다고 볼 수 있다. '지성(至誠)이면 감천(感天)이다' 혹은 '진인사대천명(盡人事待天命)' 등의 말은 인간으로서 자신이 할 수 있는 모든 노력을 경주하고자 하는 정성스러움을 함축하고 있다.

① 정직, 성실

② 성실, 정직

③ 근면, 성실

④ 준법, 성실

54. 다음 중 직장에서의 전화걸기 예절로 옳지 않은 것은?

① 전화를 건 이유를 숙지하고 이와 관련하여 대화를 나눌 수 있도록 준비한다.

② 전화는 정상적인 업무가 이루어지고 있는 근무 시간이 종료된 뒤에 걸도록 한다.

③ 정보를 얻기 위해 전화를 하는 경우라면 얻고자 하는 내용을 미리 메모하도록 한다.

④ 전화를 해달라는 메시지를 받았다면 가능한 한 48시간 안에 답해주도록 한다.

55. 다음은 공수법에 관한 설명이다. 이 중 가장 바르지 않은 사항을 고르면?

① 공수할 때의 손을 모습은 위로 가는 손바닥으로 아래 손의 등을 덮어서 포개 잡는데, 두 엄지손가락은 깍지를 끼듯이 교차시킨다.

② 소매가 넓은 예복을 입었을 시에는 공수한 팔의 소매 자락이 수직이 되게 올리고 평상복을 입었을 때는 공수한 손의 엄지가 가슴 부위 위에 닿도록 자연스럽게 앞으로 올린다.

③ 여자의 공수는 평상시에는 오른손이 위로 가게, 흉사 시에는 반대로 왼손이 위로 가게 두 손을 포개 잡는다.

④ 남자의 공수는 평상시에는 왼손이 위로 가게, 흉사 시에는 반대로 오른손이 위로 가게 두 손을 포개 잡는다.

56. 다음 중 성 예절을 지키기 위한 노력으로 옳은 것은?

① 성희롱 문제는 사전에 예방할 수 없기 때문에 국가와 타협을 해야 한다.

② 여성은 남성보다 높은 지위를 보장 받기 위해서 그에 상응하는 여건을 조성해야 한다.

③ 직장 내에서 여성의 지위를 인정받기 위해 남성의 지위를 없애야 한다.

④ 성역할에 대한 과거의 잘못된 인식을 타파하고 남녀공존의 직장문화를 정착하는 노력이 필요하다.

57. 다음은 세계적인 스타트업 기업인 '우버'에 관한 사례이다. 다음 글을 보고 고객들이 우버의 윤리의식에 대하여 표출할 수 있는 불만의 내용으로 가장 적절하지 않은 것은 어느 것인가?

2009년 미국 샌프란시스코에서 차량 공유업체로 출발한 우버는 세계 83개국 674개 도시에서 여러 사업을 운영하고 있다. 2016년 기준 매출액 65억 달러, 순손실 28억 달러, 기업가치 평가액 680억 달러로 세계 1위 스타트업 기업이다. 우버가 제공하는 가장 일반적인 서비스는 개인 차량을 이용한 '우버 X'가 있다. 또한, '우버 블랙'은 고급 승용차를 이용한 프리미엄 서비스를 제공하고, 인원이 많거나 짐이 많을 경우에 '우버 XL'이 대형 차량 서비스를 제공한다. '우버 풀(POOL)'은 출퇴근길 행선지가 비슷한 사람들끼리 카풀을 할 수 있게 서로 연결해주는 일종의 합승서비스다. 그 밖에 '우버 이츠(EATS)'는 우버의 배달 서비스로서, 음식배달 주문자와 음식을 배달하는 일반인을 연결해주는 플랫폼이다.

앞으로 자율주행차량이 도입되면 가장 주목받는 기업으로 계속 발전할 것이라는 전망 속에서 2019년 주식 상장 계획이 있던 우버에게 2017년은 악재의 연속이었다. 연초에 전직 소프트웨어 엔지니어 수잔 파울러가 노골적인 성추행과 성차별이 횡행하는 막장 같은 우버의 사내 문화를 폭로하면서 악재가 시작되었다. 또 연말에는 레바논 주재 영국대사관 여직원 다이크스가 수도 베이루트에서 우버 택시 운전기사에 의해 살해당하는 사건이 발생했다. 우버 서비스의 고객 안전에 대한 우려가 현실로 나타난 것이다.

① 불안정 노동 문제에 대해 사회적 책임 의식을 공유해야 한다.
② 운전기사 고용 과정에서 이력 검증을 강화해야 한다.
③ 고객의 안전을 최우선시하는 의무 소홀에 대한 책임을 져야한다.
④ 단기 일자리를 제공하는 임시 고용형태를 없애야 한다.

58. 다음 글에서 의미하는 공동체윤리의 덕목으로 가장 적절한 것은?

오 사원은 민원실을 찾아 요청사항을 해결하고자 하는 고객에게 최선을 다한다. 항상 고객의 물음에 열성적인 마음으로 답을 해 줄뿐 아니라, 민원실 문을 열고 들어오는 고객을 발견한 순간부터 상담이 끝날 때까지 오 사원은 한시도 고객으로부터 시선을 떼지 않는다. 또한 상담 중에 다른 불편함이 있지나 않은 지 고객을 유심히 살피기도 한다. 가끔 상담을 마치고 민원실을 나서는 고객의 얼굴에선 오 사원의 태도에 매우 만족했음을 느낄 수 있다.

① 성실   ② 봉사
③ 근면   ④ 예절

59. 신입사원들과 사장과의 간담회 자리에서 갑, 을, 병, 정 4명의 신입사원들이 말한 〈보기〉와 같은 의견이 의미하는 직업윤리의 덕목을 순서대로 올바르게 나열한 것은?

갑 : "제가 수행하는 업무는 누구나 할 수 있는 게 아니라 교육을 통한 지식과 경험을 갖추어야만 가능한 것이라고 믿습니다."
을 : "저는 제가 수행하는 일이 나에게 딱 맞는다는 긍정적인 생각을 갖고 업무 수행을 하는 것이 매우 중요하다고 생각합니다."
병 : "제가 이 회사에서 일할 기회를 갖게 된 것은, '저에게 주어진 업무가 하늘이 제게 맡긴 중요한 업무다.'라고 생각합니다."
정 : "자신의 일이 사회 전체에 있어 중요한 역할을 수행하는 것이라는 생각이야말로 무엇보다 중요하다고 봅니다."

① 전문가의식, 천직의식, 소명의식, 직분의식
② 천직의식, 직분의식, 전문가의식, 소명의식
③ 소명의식, 전문가의식, 소명의식, 직분의식
④ 직분의식, 소명의식, 전문가의식, 천직의식

60. 다음과 같은 상황에서 영업팀 최 대리가 취할 수 있는 행동으로 가장 적절한 것은?

최 대리는 일요일을 맞아 오랜만에 가족들과 함께 가까운 교외로 나들이를 다녀오기로 하였다. 그러나 토요일 저녁 갑자기 베트남 지사로부터 전화가 걸려왔고, 월요일에 도착하기로 했던 바이어 일행 중 2명이 현지 사정상 일요일 오전 비행기로 입국하게 된다는 사실을 통보받게 되었다. 중요한 거래처 바이어인지라, 입국 후부터 모든 일정을 동행하며 불편함이 없도록 수행하기로 되어 있던 최 대리는 매우 난감한 상황에 놓이게 되었고, 가족과의 약속과 바이어 일행의 입국 문제를 놓고 어찌해야 좋을지를 고민하게 되었다.

① 휴일인 만큼 계획대로 가족들과의 나들이를 다녀온다.
② 지사에 전화하여 일요일 입국은 불가하며 어떻게든 월요일에 입국해 줄 것을 다시 한 번 요청해 본다.
③ 가족들에게 미안함을 표하며 바이어 수행을 위해 나들이를 다음 기회로 미룬다.
④ 가족과의 약속을 지키기 위해 동료인 남 대리에게 일요일 바이어 수행을 부탁한다.

1. 다음 내용과 관계 깊은 사회규범에 해당하는 것은?

- 인간의 외면적 생활을 규율한다.
- 위반시 국가의 처벌을 받는다.
- 행위의 동기보다 결과를 중시한다.

① 결혼식을 한 후 신혼여행을 떠난다.
② 부모에게 효도해야 한다.
③ 우상을 섬기지 마라.
④ 지하철에서 어르신에게 자리를 양보해야 한다.
⑤ 화폐를 위조하면 무기 또는 2년 이상의 징역에 처한다.

2. 다음 그림은 법을 생활 관계에 따라 구분한 것이다. (가)에 대한 설명으로 옳은 것은?

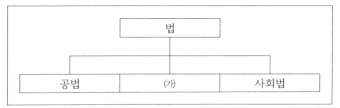

① 개인과 국가의 관계를 규율한다.
② 국민의 최소한의 인간다운 삶을 보장하고자 한다.
③ 근대 자본주의의 문제점을 해결하기 위해 등장했다.
④ 민법과 상법 등이 속한다.
⑤ 세금을 내거나 선거에 참가하는 것과 관련된 내용을 다룬다.

3. 다음 글에서 밑줄 친 제도의 사례로 적절한 것은?

우리나라 헌법 제10조는 "국가는 개인이 가지는 불가침의 기본적 인권을 확인하고 이를 보장할 의무를 지닌다."고 규정하고 있다. 그런데 국가 기관에 의해 개인의 기본권이 침해되는 경우가 종종 발생한다. 그래서 국가 기관에 의해 기본권이 침해되었을 때 이를 구제받기 위해 개인이 활용할 수 있는 제도들이 다양하게 마련되어 있다.

① 사인(私人)의 범죄 행위로 인하여 신체에 대한 피해를 입은 사람의 국가 구조 청구
② 사인(私人)의 불법 행위로 인해 재산상의 피해를 입은 사람의 손해 배상 청구
③ 악성 댓글을 달아서 타인의 명예를 훼손한 사람에 대한 검사의 기소
④ 연령 제한 규정으로 인해 공무원 시험에 응시하지 못하게 된 사람의 헌법 소원 청구
⑤ 직무 수행 과정에서 위법 행위를 한 고위 공직자에 대한 탄핵 심판 청구

4. 전세권설정등기에 관한 설명 중 틀린 것은?

① 전세권의 목적물은 1필의 토지의 일부 또는 1동의 건물의 일부라도 무방하다.
② 전세권은 공유지분에 대하여는 설정등기를 할 수 없다.
③ 전세권의 목적이 토지의 일부인 때에는 등기신청서에 지적도를 첨부하고 그 도면 위에 목적부분을 표시하여야 한다.
④ 전세권의 존속기간 내에서 양도는 가능하나 담보제공은 불가능하다.
⑤ 농경지는 전세권의 목적으로 하지 못한다.

5. 다음의 사례가 범죄로 성립되지 않는 이유로 적절한 것은?

1950년 한국 전쟁에서 북한군을 살해한 국군의 행위

① 범죄의 구성 요건에 해당하지 않는다.
② 법률이 정한 범죄에 해당하지 않는다.
③ 정당 행위에 해당한다.
④ 책임성 조각 사유에 해당한다.
⑤ 현재의 위난을 피하기 위한 행위이다.

6. 다음 글에서 밑줄 친 권리 구제 수단에 대한 설명으로 옳지 않은 것은?

> 경찰·소방 공무원 시험 수험생 백모씨 등 5명은 만 30세 이상이 되면 시험을 볼 수 없도록 한 채용 규정이 평등권과 공무 담임권을 침해한다며 <u>헌법 소원</u>을 냈다.

① 공권력의 행사·불행사를 요건으로 한다.
② 국민이 직접 청구할 수 있다.
③ 법원의 제청을 통해 국민의 기본권을 구제할 수 있는 수단이다.
④ 최후의 수단이어야 한다.
⑤ 헌법 재판소가 담당한다.

7. (개)~(대)의 민법상 능력에 대한 법적 판단으로 옳은 것은?

> (개) 권리와 의무의 주체가 될 수 있는 지위
> (내) 단독으로 유효한 법률 행위를 할 수 있는 지위나 능력
> (대) 행위의 의미나 결과를 판단할 수 있는 정상적인 정신 능력

① 사단 법인은 재산의 상속에 있어 (개)를 갖는다.
② (내)가 제한된 사람의 법률 행위는 효력이 없다.
③ 상속과 관련하여 태아에게는 (개)가 인정되지 않는다.
④ 외국인에게는 원칙적으로 (개)가 인정되지 않는다.
⑤ 회사원(만 30세)이 술에 만취한 상태에서 자신의 차량을 판 행위는 (대)가 없어 무효이다.

8. 다음 법규정의 밑줄 친 부분의 법적 의미에 대한 옳은 진술은?

> • 점유자가 점유물에 대하여 행사하는 권리는 적법하게 보유한 것으로 <u>추정</u>한다.
> • 2인 이상이 동일한 재난으로 사망한 경우에는 동시에 사망한 것으로 <u>추정</u>한다.

① 법의 해석 과정에서 필요한 내용이다.
② 당사자나 법적 대리인이 입증 책임을 진다.
③ 이에 대한 반증이 있어도 법률 효과는 지속된다.
④ 법의 편의상 일정한 사실의 존재나 내용을 가정해 놓은 것이다.
⑤ 사실의 진실 여부와 관계없이 법에 의해 일정한 효과를 부여하는 것이다.

9. 다음에서 제시된 목적을 실현하기 위해 제정된 법률은?

> 〈모성의 보호〉
> • 고용에 있어서 남녀의 평등한 기회 및 대우 보장
> • 직장과 가정생활의 양립과 여성의 직업 능력 개발 및 고용 촉진 지원

① 근로기준법
② 남녀고용평등법
③ 노동조합 및 노동관계 조정법
④ 모자보건법
⑤ 여성발전 기본법

10. 다음과 같은 문제를 해결하기 위한 방법으로 적절한 것은?

> 정보 불균형의 관점에서 볼 때, 더 많은 정보를 갖고 있는 집단은 그렇지 않은 집단에 대하여 정보의 우위에 바탕을 둔 권력을 갖게 된다. 이처럼 정보가 공무원과 민원인 사이에 비대칭적으로 분포할 경우 일반적으로 정보가 충분하게 제공되지 않는 민원인은 담당 공무원의 처분에 대하여 그 객관성과 공정성을 정확하게 판단할 수 없게 되고, 일방적으로 결과를 수용할 수밖에 없는 상황에 처하게 된다.

① 고위 공직에 대한 공모제 확대
② 공직자 윤리 규정 강화
③ 선거 공영제의 강화
④ 알 권리 충족을 위한 제도 정비
⑤ 직업 공무원제의 확립

11. 다음 중 법률행위적 행정행위로 옳지 않은 것은?
① 대리
② 인가
③ 특허
④ 통지
⑤ 허가

12. 다음에서 설명하는 '이것'의 청구 대상이 아닌 것은?

'이것'은 일반적으로 분쟁에 대한 심판 작용이면서, 동시에 그 자체가 행정 행위라는 이중적 성격을 지닌다. 이것은 행정 상의 분쟁에 관하여 사실을 인정하고 법을 적용하여 그 분쟁을 심리판단한다는 점에서는, 재판에 준하는 성질을 가진다. 이것 은 또한 행정청의 의사의 표현으로서, 다툼이 있는 행정법 관 계를 규율하고 행정법 질서를 유지 또는 형성(발생변경소멸)하 여 행정 목적을 실현한다는 점에서는, 행정 행위의 성질을 가 지는 것이다.

① 국가 공무원 시험 불합격 처분에 대한 취소를 청구하였다.
② 무너진 인도를 아무런 이유 없이 장기간 방치하여 야간에 지나가던 행인이 크게 다치자 손해배상 청구를 하였다.
③ 운전면허 정지처분 취소 청구를 하였다.
④ 출판업 등록 신청을 했으나 행정관청이 아무런 조치를 취 하지 않아 부작위 위법 확인 청구를 하였다.
⑤ 도서관 인근에 술집 허가를 하자 도서관 측에서 행정행위 무효 확인 청구를 하였다.

13. 다음 내용과 가장 관련이 깊은 원칙을 고른 것은?

• '건전한 법 감정을 해치는 행위'를 범죄로 규정하면 죄형 법 정주의에 반한다.
• 단지 '징역에 처한다.' 또는 '처벌한다.'는 것은 법적 안정성에 대한 위험이 된다.
• '죄상이 현저히 중한'이라는 표현은 자의적인 법 적용을 허용 할 여지가 다분하다.

① 관습 형법 금지의 원칙
② 명확성의 원칙
③ 유추 해석 금지의 원칙
④ 적정성의 원칙
⑤ 형법 효력 불소급의 원칙

14. 행정목표의 기능으로 보기 어려운 것은?

① 능률성 측정의 기준이 된다.
② 조직활동의 지침으로서 역할을 한다.
③ 민주화 수준을 측정하는 기준이 된다.
④ 조직활동의 정당성이 바탕이 된다.
⑤ 조정을 촉진하는 역할을 한다.

15. 정책결정 때의 합리성의 제약요인으로 보기 어려운 것은?

① 과다한 비용
② 집권화와 분권화
③ 매몰비용의 집착
④ 선례답습적 보수주의
⑤ 집단사고의 작용

16. 다음 중 리더십과 상황론에 관하여 가장 관계가 깊은 것은?

① 리더가 갖추어야 할 특성에 초점을 둔다.
② 개인의 정신적 · 기술적 우수성을 강조한다.
③ 추종자들의 사고 · 행태와 관계된다.
④ 상황의 변화에 따라 잘 대처하는 리더십이 필요하다.
⑤ 리더와 추종자 및 상황간의 관계를 상호작용으로 인식한다.

17. 직위분류제의 구조를 이루는 직렬 · 직군 · 직류 등에 대한 설 명으로 틀린 것은?

① 직위란 한 사람의 공무원에게 부여할 수 있는 직무와 책 임이다.
② 직렬은 직무의 종류가 유사하고 그 책임과 곤란성의 정도 가 상이한 직급의 군이다.
③ 직급은 직무의 종류 및 곤란성과 책임도가 상당히 유사한 직위의 군이다.
④ 직군이란 직위들의 집합이다.
⑤ 직무의 종류는 달라도 등급이 같으면 동일보수를 줄 수 있다.

18. 공무원의 정치적 중립성이 중요시되는 이유가 아닌 것은?

① 불편부당(不偏不黨)한 정책집행을 통한 전체 이익의 실현 을 위해서
② 선거비용의 절약을 통한 정치의 민주화를 위해서
③ 정당간 공정한 선거를 위해서
④ 행정의 계속성 유지를 위해서
⑤ 행정의 자율성과 전문성 확보를 위해서

19. 민간이양에 관한 설명으로 옳지 않은 것은?

① 시장실패 보완을 위해서는 민간이양이 적절하다.

② 정부독점기업을 민영화하는 것도 민간이양의 한 방법이다.

③ 비대한 정부영역을 줄임으로써 작은 정부를 실현하게 된다.

④ 정부보유주식을 민간에게 매각하는 방법이 있다.

⑤ 민간경제를 활성화하는 데 기여한다.

20. 다음 중 정부실패의 요인이 아닌 것은?

① 시장경제의 강화

② 파생적 외부효과

③ X-비효율성

④ 내부목표와 사회목표의 괴리

⑤ 비용과 수입의 분리

21. 다음에서 설명하는 것으로 옳은 것은?

> 집단구성원 간의 친화와 반발을 조사하여 그 빈도와 강도에 따라 집단 구조를 이해하는 척도로 인간관계의 그래프나 조직망을 추적하는 이론이다.

① 소시오메트리

② 마르코프체인

③ 대기행렬

④ 네트워크

⑤ 델파이 기법

22. 다음 중 공식적인 정책결정참여자가 아닌 것은?

① 법원

② 행정부처

③ 여당

④ 대통령

⑤ 국회상임위원회

23. 다음 중 근무성적평정의 유용성에 관한 설명으로 옳은 것은?

① 직위평가의 합리적 자료로 활용한다.

② 보수표 작성에 이용한다.

③ 징벌 중심의 목적으로 활용한다.

④ 시험의 신뢰도를 측정하는 기준으로 활용한다.

⑤ 승진·승급의 기초자료로 활용한다.

24. 다음 중 시민단체가 전개하는 공익대표소송, 예산감시, 국정감사모니터링 등 민중통제의 장점이 아닌 것은?

① 정부와 국민 간에 정보의 비대칭성이 낮아진다.

② 대의민주주의의 장점을 극대화한다.

③ 주기성을 띠는 선거제도의 불완전성을 보완한다.

④ 제도적인 견제와 균형의 사각지대가 감소한다.

⑤ 참여민주주의를 신장하여 행정의 대응성을 제고한다.

25. 다음 중 우리나라의 지방자치에 관한 설명으로 옳지 않은 것은?

① 지방자치단체는 독자적인 법인격은 없다.

② 지방자치단체의 자주재원은 지방세와 세외수입으로 구성된다.

③ 의회와 집행기관이 대립하는 기관대립형이다.

④ 주민감사청구제도가 시행되고 있다.

⑤ 현행 지방세원은 취득세, 등록세, 재산세 등이 있다.

26. 다음 중 행정의 생태론적 접근방법에 대한 설명으로 옳지 않은 것은?

① 행정을 하나의 유기체로 파악한다.

② 1950년대 비교행정론의 중요한 방법론이 되었다.

③ 행정을 환경의 종속변수로 취급하는 접근법이다.

④ 행정을 독립변수로 취급한다.

⑤ 행정체제의 개방성을 강조한다.

27. 다음 중 사회주의 기업에 대한 설명으로 가장 옳지 않은 것을 고르면?

① 비효율적인 자원의 배분이 일어난다.

② 개개인에게 있어 선택자유의 제약이 있다.

③ 사익 및 공익의 괴리가 존재한다.

④ 계획에 있어서의 비신축성으로 인해 오류의 자동적 수정이 불가능하다.

⑤ 전략산업의 육성이 용이하다.

28. 다음 경영학의 접근방법 중 시스템 접근방법에서의 시스템 속성에 해당하지 않는 것은?

① 기능성   ② 구조성

③ 목적성   ④ 전체성

⑤ 당위성

29. 다음 중 동기부여의 중요성에 대한 설명으로 가장 옳지 않은 것은?

① 동기부여는 구성원 개개인으로 하여금 과업수행에 대한 자신감 및 자긍심 등을 지니게 한다.

② 동기부여의 경우 조직 구성원들이 적극적이고 능동적으로 업무를 수행하게 함으로써 자아실현을 할 수 있는 기회를 부여한다.

③ 개인에 대한 동기부여는 경쟁우위 원천으로서의 사람의 중요성이 커지는 가운데 기업경쟁력 강화의 핵심 수단이 되고 있다.

④ 동기부여는 변화에 대한 구성원들의 저항을 높이고 자발적 적응을 감소시킴으로서 조직변화를 어렵게 하는 요소가 된다.

⑤ 동기부여는 개인의 자발적인 업무수행노력을 촉진해서 직무만족과 생산성을 높이고 더 나아가 조직유효성을 제고시킨다.

30. 다음은 시스템의 기본 형태를 나타낸 것이다. 이를 참조하여 관련성이 가장 낮은 것을 고르면?

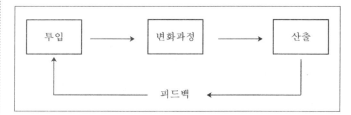

① 그림과 같은 생산시스템의 각 개체는 각각 투입, 과정, 산출이라는 기능을 수행한다.

② 생산시스템의 경계 외부에는 환경이 존재하지 않는다.

③ 그림과 같은 생산시스템은 일정한 개체들의 집합이라 할 수 있다.

④ 그림과 같은 생산시스템은 의미가 있는 하나의 전체이며, 이는 곧 어떠한 목적을 달성하는 데 기여할 수 있다.

⑤ 각 개체는 자신만의 고유 기능을 지니지만, 타 개체와의 관련을 통해 전체의 목적에 기여하게 된다.

31. 다음 중 정기발주시스템에 관련한 설명으로 가장 거리가 먼 것은?

① 단가가 낮은 상품에 주로 적용되는 방식이다.

② 상품발주의 간격을 정해 이를 정기적으로 발주한다.

③ 상품의 발주 시 발주량이 변한다.

④ 운용자금이 절약된다.

⑤ 사무 처리에 대한 수요가 증가한다.

32. 다음 중 집단적 의사결정에 대한 설명으로 가장 옳지 않은 것은?

① 의사소통의 기능 수행

② 의사결정에 참여한 사람들의 결정사항에 대한 지지를 보낸다.

③ 좋은 아이디어를 모을 수 있다.

④ 전문화가 불가능하다.

⑤ 시너지 효과를 얻을 수 있다.

33. 마케팅믹스 중 촉진(promotion)에 관한 다음 설명 중 옳은 것은?

① 인적 판매(personal selling)란 제품 또는 서비스의 판매나 구매를 촉진시키기 위한 단기적인 자극책을 말한다.

② 홍보(publicity)란 특정 기업의 아이디어, 제품 또는 서비스를 대가로 지불하면서 비인적 매체를 통해 제시하고 촉진하는 것이다.

③ 풀(pull)전략이란 소비자 수요를 조장하고 또한 유통경로를 통해 제품을 끌어당기기 위해 광고와 소비자 촉진에 많은 예산을 투입하는 촉진전략을 말한다.

④ 판매촉진이란 한 사람 또는 그 이상의 잠재고객과 직접 대면하면서 대화를 통하여 판매를 실현시키는 방법이다.

⑤ 광고란 제품 및 서비스의 활동을 독려하기 위해 단기간에 전개되는 인센티브 위주의 커뮤니케이션 활동을 의미한다.

34. 다음은 조직문화에 관련한 설명들이다. 이 중 가장 바르지 않은 것은?

① 조직문화는 조직 구성원들에게 공통적인 행동방식 및 사고를 제공한다.

② 조직문화는 구성원 개개인의 문화와 회사 조직간 문화의 충돌이 우려가 거의 없다.

③ 조직문화는 조직구성원들의 고유 가치에도 동기부여를 하고, 이로 인해 구성원들의 조직에 대한 몰입도를 높일 수 있는 역할을 수행한다.

④ 조직문화는 환경변화에 따른 문제의 발생 시에 내부적으로 대립하게 되는 저항의 문제가 나타날 수 있다.

⑤ 조직문화는 조직의 구성원들 행동을 형성하는 데 있어서 통제 매커니즘의 역할을 수행한다.

35. 다음 중 요소비교법에 대한 설명으로 바르지 않은 것은?

① 평가결과가 임금액으로 나타나기 때문에 임금결정에 있어 공정성의 확보가 가능하다.

② 평가방법이 비교적 정교하여 타당성과 신뢰성이 높은 편이다.

③ 기준 직무의 가치를 합리적으로 설정하게 되면 다른 타 직무와 비교평가가 가능하다.

④ 시간과 비용이 적게 든다.

⑤ 활용 방법이 복잡하여 각 구성원들의 이해가 어렵다.

36. 다음 재무관리의 영역 중 자금운용의 측면에 해당하는 것들을 모두 고르면?

㉠ 투자결정 결과	㉡ 투자의 대상
㉢ 타인자본	㉣ 자본비용
㉤ 자기자본	

① ㉠㉡ ② ㉠㉣
③ ㉡㉤ ④ ㉢㉣
⑤ ㉣㉤

37. 다음 중 장기금융상품에 속하는 것들끼리 바르게 묶은 것은?

㉠ 기업어음	㉡ 통화안정증권
㉢ 국제채권	㉣ 회사채
㉤ 양도성 예금증서	

① ㉠㉡ ② ㉠㉣
③ ㉡㉣ ④ ㉢㉣
⑤ ㉣㉤

38. 다음 그래프의 A와 B를 통과하는 곡선은 현재의 소득으로 선택 가능한 조합들을 나타낸 것이다. 그래프를 바르게 해석한 것을 아래의 〈보기〉에서 고른 것은?

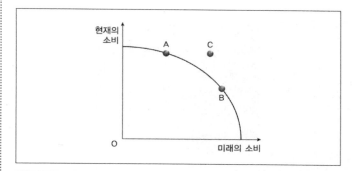

〈보기〉

㉠ 미래의 소비는 현재의 소비를 미래로 유보한다는 뜻으로 저축과 같다.

㉡ 소득이 증가하면 C의 조합도 선택 가능하다.

㉢ 절약하여 소비하면 C의 조합도 선택 가능하다.

㉣ A보다는 B를 선택하는 것이 합리적이다.

① ㉠㉡ ② ㉠㉢
③ ㉡㉢ ④ ㉡㉣
⑤ ㉢㉣

39. 생산 요소와 그에 대한 대가인 분배 소득이 바르게 연결된 것을 <보기>에서 모두 고른 것은?

	<보기>	
	생산요소	분배소득
㉠	토지	지대
㉡	건물	이자
㉢	자본	배당
㉣	노동	이윤
㉤	경영	임금

① ㉠㉡
② ㉠㉢
③ ㉡㉣
④ ㉢㉤
⑤ ㉣㉤

40. 다음 설명 중 케인즈주의에 해당하지 않는 것은?

① 적자재정정책에 반대한다.
② 경기조절식(anticyclical) 경제정책을 추진한다.
③ 정부의 시장개입기능을 활성화한다.
④ 수요관리를 통하여 임금생활자의 구매력을 높인다.
⑤ 금융정책을 불신한다.

41. 다음은 기업의 생산량 변화에 따른 총수입과 총비용의 변화를 나타낸 표이다. 아래 제시된 내용에 기초한 설명으로 옳지 않은 것은?

생산량(개)	3	4	5	6	7
총수입(원)	300	400	500	600	700
총비용(원)	280	350	440	570	710

> 합리적 생산을 위해 기업은 상품 1단위를 추가로 생산함으로써 얻게 되는 수입(한계 수입)과 추가로 지출하는 비용(한계 비용)이 동일한 지점에서 생산량을 결정해야 한다.

① 모든 생산량에서 한계 수입은 가격과 일치한다.
② 생산량이 4개일 때 한계 수입은 100원이다.
③ 생산량이 5개일 때 한계 비용은 90원이다.
④ 생산량이 5개일 때 한계 수입과 한계 비용이 일치한다.
⑤ 생산량이 증가함에 따라 한계 비용은 증가하고 있다.

42. 다음 사례들을 근거로 하여 주장할 내용으로 가장 적절한 것은?

> 개인의 입장에서는 저축을 늘리는 것이 합리적이지만, 불경기 때 모든 개인이 저축을 늘리면 소비가 줄고 생산이 감소하여 불황이 더욱 깊어지는 결과를 초래할 수 있다.
> 한 농부가 배추를 잘 관리하여 수확을 늘려 소득을 올리려는 것은 당연한 일이지만, 모든 배추 재배 농부들이 열심히 일해 배추 농사가 풍작을 이루게 되면 배추 가격은 하락하여 오히려 농가 소득은 감소하는 경우가 있다.

① 경제적 의사결정은 개개인에게 맡기는 것이 바람직하다.
② 시장 경제보다 계획 경제가 효율적이다.
③ 시장에 대한 정부 개입이 필요한 경우가 있다.
④ 시장의 자유를 최대화할 때 효율성이 극대화된다.
⑤ 최소의 정부가 최대의 정부이다.

43. 다음 글에서 빈칸에 들어갈 말로 바르게 짝지어진 것은?

> 합리적 선택을 위해서는 관련 정보들을 검토해 보아야 한다. 경제 정보에는 절대적인 양을 나타내는 총량지표, 상대적인 양을 나타내는 비율이 있다. 총량지표의 예로는 (㉠)을(를) 들 수 있고, 비율의 예로는 (㉡)을(를) 들 수 있다.

① ㉠ 국내총생산, ㉡ 경제성장률
② ㉠ 국내총생산, ㉡ 실업률
③ ㉠ 실업률, ㉡ 국내총생산
④ ㉠ 저축률, ㉡ 경제성장률
⑤ ㉠ 저축률, ㉡ 물가상승률

44. 다음과 같은 상황에서 예상되는 경제 문제를 〈보기〉에서 모두 고른 것은?

> 최근 조사에 따르면, 서울 강남 아파트 값의 급상으로 인해, 평범한 월급 생활자가 저축만으로 집을 마련하기 위해 걸리는 데 필요한 기간이 10년 정도 늘어났다.

〈보기〉
㉠ 경기가 점차 침체된다.
㉡ 경제 정의가 구현되지 못한다.
㉢ 근로 의욕이 고취된다.
㉣ 상대적 빈곤감이 커진다.

① ㉠㉡
② ㉠㉢
③ ㉡㉢
④ ㉡㉣
⑤ ㉢㉣

45. 시장실패의 경우인 외부효과와 관련하여 잘못 설명한 것은?

① 긍정적 외부효과를 갖는 재화의 경우 시장경쟁에 의한 공급량은 사회적 최적공급량에 비해 적게 된다.
② 부정적 외부효과가 있는 오염유발재를 생산하는 사회적 비용은 공급곡선에 반영되는 사적비용보다 크다.
③ 기술재 생산의 사회적 비용은 사적비용에서 기술파급 효과치를 뺀 금액과 같다.
④ 소비에서 긍정적 외부효과가 발생하는 경우 사회적 최적 소비량이 시장에서 결정되는 소비량보다 많게 된다.
⑤ 소비의 사회적 가치가 사적 효용가치를 하회할 경우 시장에서 결정되는 생산량은 사회적으로 바람직한 수준보다 과소 생산되는 경향이 있다.

46. 다음 중 국제 무역에 대한 진술로 옳지 않은 것은?

① 각국은 비교 우위가 있는 제품에 특화하여 무역을 한다.
② 무역 자유화의 확대는 경쟁력이 뒤지는 산업에 불리하게 작용한다.
③ 부존자원, 기술 수준 등의 차이가 비교 우위를 결정한다.
④ 생산비의 차이 때문에 발생한다.
⑤ 최근에는 노동과 자본이 비교 우위를 결정하는 중요한 요소가 되고 있다.

47. 다음 금융 상품 A~D에 대한 분석으로 가장 적절한 것은?

> A : 입출금이 자유로운 은행 예금
> B : 일정액을 입금하고 만기일에 원리금을 받는 은행 예금
> C : 기업이 투자자에게 회사 소유권의 일부를 주는 증표
> D : 정부가 자금 조달을 위해 발행한 일종의 차용 증서

① A는 B보다 유동성이 낮다.
② A를 해약하여 C를 구입하는 것은 안전성보다 수익성을 중시하는 선택이다.
③ B와 C는 수익이 고정되어 있다.
④ C는 D보다 안전성이 높다.
⑤ '계란을 한 바구니에 담지 말라'는 격언에 따르면 D를 선택하는 것이 가장 적절하다.

48. 공공부조의 기본원리에 대한 설명으로 옳은 것은?

① 생존보장의 원리 : 공공부조의 보호수준은 최저한의 생활이 유지되도록 하여야 한다는 원리
② 국가책임의 원리 : 국가는 모든 국민의 건강하고 문화적인 생활을 보호하여야 하며, 역으로 국민의 입장에서 생존권을 보호받을 수 있는 권리를 보장하는 원리
③ 무차별 평등의 원리 : 공공부조 수급의 법적 기준에 해당하는 사람이면 빈곤의 원인이나 신앙, 성별 등에 상관없이 누구든지 평등하게 보호받아야 한다는 원리
④ 보충성의 원리 : 보호대상자 스스로가 자신의 생활을 책임질 수 있도록 한다는 원리
⑤ 최저생활 보호의 원리 : 생계에 관련된 가장 기본적인 수준을 유지할 수 있도록 한다는 원리

49. 국민건강보험의 요양급여 비용에 대한 심사를 담당하고 요양급여의 적정성을 평가하기 위해 설립된 기관은?

① 급여심사원
② 진료심사평가원
③ 보건사회연구원
④ 건강보험심사평가원
⑤ 노인요양병원

50. 사회보험의 특징 중 옳지 않은 것은?

① 사회보험은 노동능력의 상실에 대비한 산업재해보험·건강보험과 노동기회의 상실에 대비한 연금보험·실업보험으로 크게 구분할 수 있다.

② 사회보험은 개인보험처럼 자유의사에 의해서 가입하는 것은 아니다.

③ 사회보험은 보험료도 개인·기업·국가가 서로 분담하는 것이 원칙이다.

④ 사회보험의 보험료 부과방식은 위험정도·급여수준에 따라 나눠진다.

⑤ 국민연금제도는 1988년 1월부터 시행되었다.